Mon livre de français

Elementary

Je m'appelle

Je suis en
Maternelle
CP
CE1
CE2

Pompom, the rabbit, is hiding throughout this book.
Write the numbers of the 12 pages where he is hiding.

les couleurs

les nombres

Elementary Book Contents

les couleurs (i)

Choisis la bonne couleur   Écris 

rouge

rouge

vert

....

jaune

....

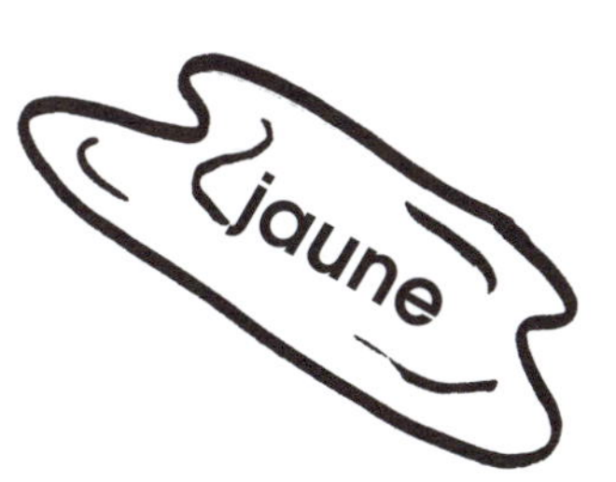

bleu

....

rose

....

Écris le bon numéro.

Write the correct number.

2	jaune
	bleu
	rose
	vert
	rouge

les couleurs (ii)

Choisis la bonne couleur  Écris 

1

violet

....

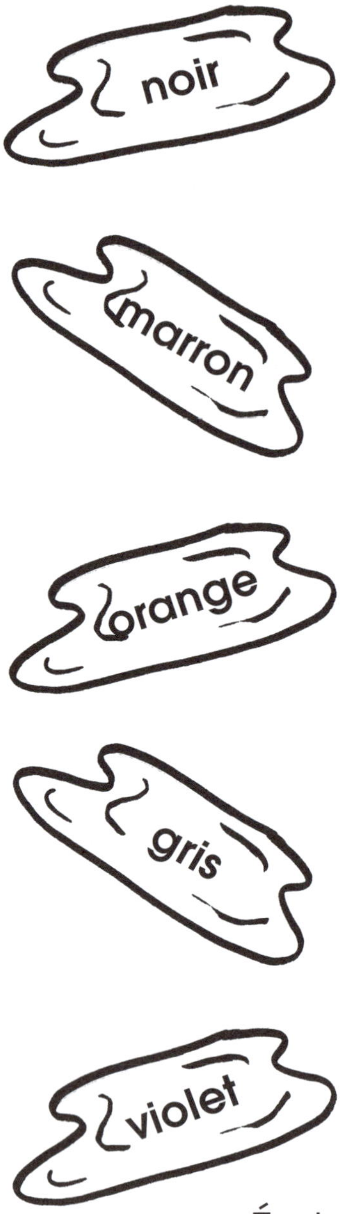

2

noir

....

3

gris

....

noir

marron

orange

gris

violet

4

orange

....

5

marron

....

Écris le bon numéro.
Write the correct number.

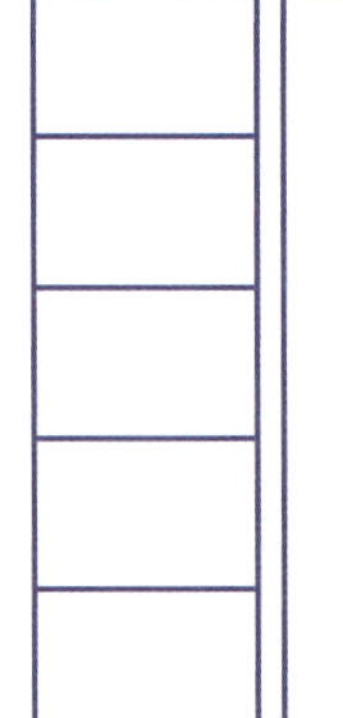

violet
marron
gris
orange
noir

Frère Jacques

Frère Jacques Frère Jacques
Dormez-vous? Dormez-vous?

Sonnez les matines
Sonnez les matines
Ding dang dong
Ding dang
dong

Track 54 Karaoke version

les nombres (i)

Choisis la bonne couleur  Écris 

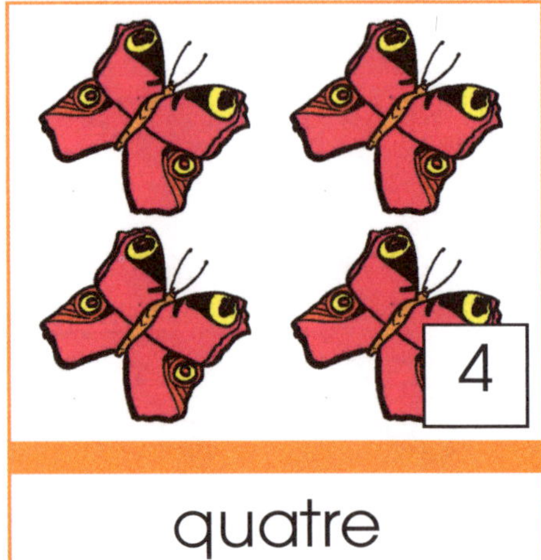

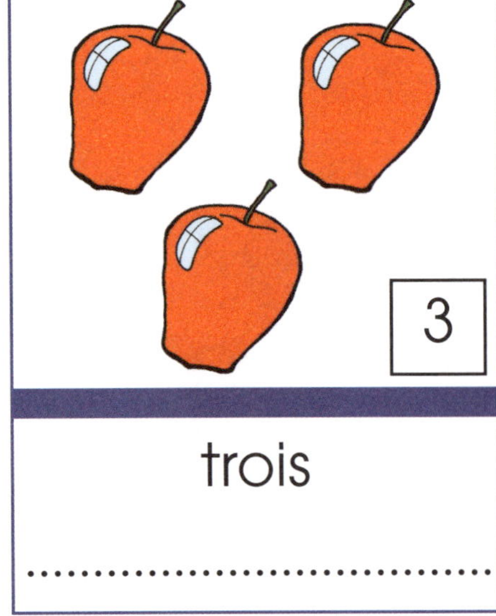

Write the correct number.

	deux
	cinq
	trois
1	un
	quatre

les nombres (ii)

Choisis la bonne couleur  Écris 

Écris le bon numéro.

Write the correct number.

Présent
Présente
abcdefghijklmnopqrstuvwxyz
Aa
Patrice
Gilbert
Emilie
Sophie
Hubert

un oiseau, deux oiseaux

un oiseau
deux oiseaux
sur la plage sur la plage
un seau d'eau
deux seaux d'eau
sur la plage sur la plage

un château
deux châteaux
sur la plage sur la plage
un bateau
deux bateaux
sur la plage sur la plage

Repeat verse 1

Track 55 Karaoke version

un jeu

Écoute bien

Listen to the CD and write the correct number in the correct box

les révisions

Écoute bien et coche la petite boîte. ✔

Cinq petits vers

1 2 3 4 5 vers   5 petits vers
1 2 3 4 5 vers   dans la terre

1 2 3 4 vers   4 petits vers
1 2 3 4 vers   dans la terre

1 2 3 vers   3 petits vers
1 2 3 vers   dans la terre

1 2 vers   2 petits vers
1 2 vers   dans la terre

Un petit ver sans ami
Un petit ver sans ami dans la terre

Track 56 Karaoke version

les vêtements (i)

Choisis la bonne couleur  Écris 

le pull
le pull
....

la chemise
....

rouge

rose

jaune

vert

bleu

le jean
....

la robe
....

la jupe
....

Écris le bon symbole.
Write the correct symbol.

	la jupe
	la robe
↓	le jean
	la chemise
	le pull

les vêtements (ii)

Choisis la bonne couleur  Écris 

le tee-shirt	la chaussette
....	....

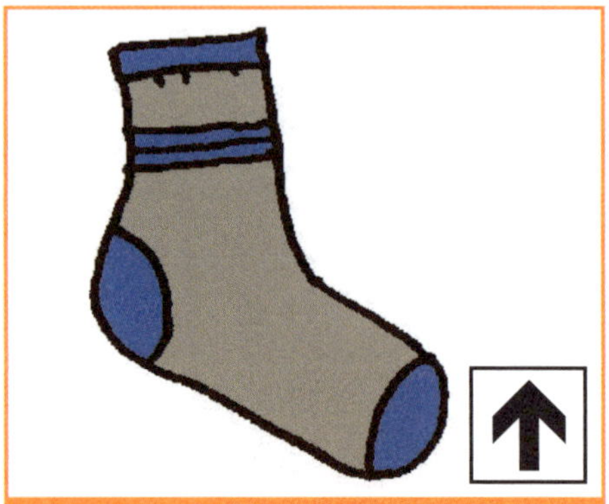

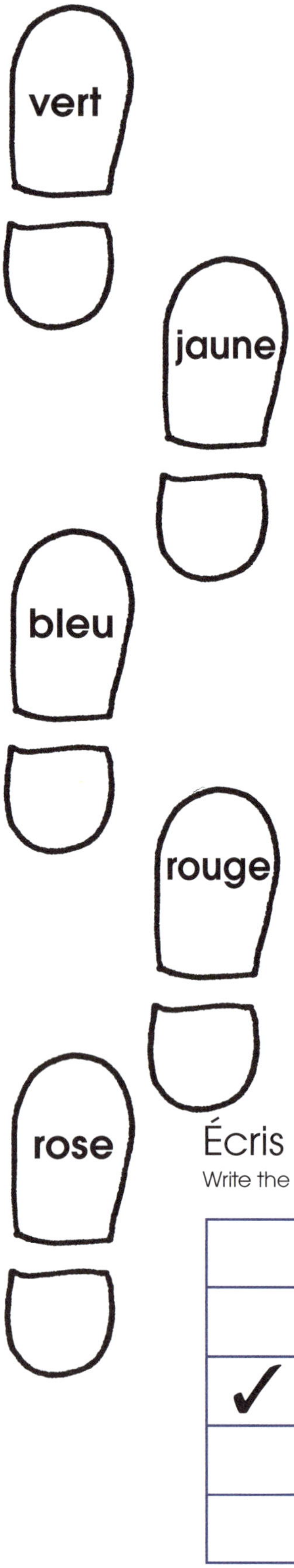

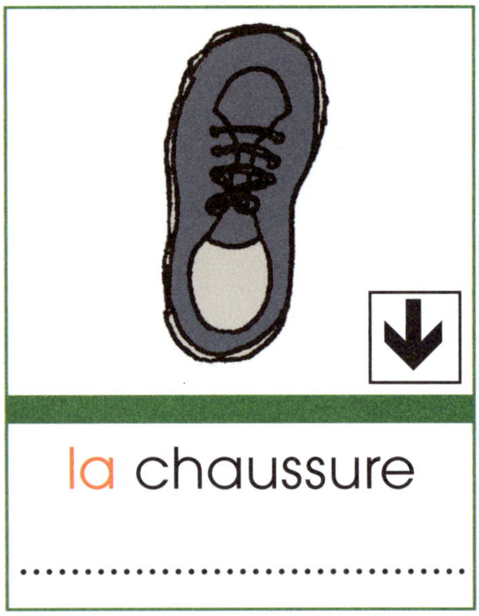

la chaussure	le pantalon
....	....

la basket
....

vert

jaune

bleu

rouge

rose

Écris le bon symbole.
Write the correct symbol.

	la chaussure
	la basket
✓	le pantalon
	la chaussette
	le tee-shirt

Où est le grand lion?

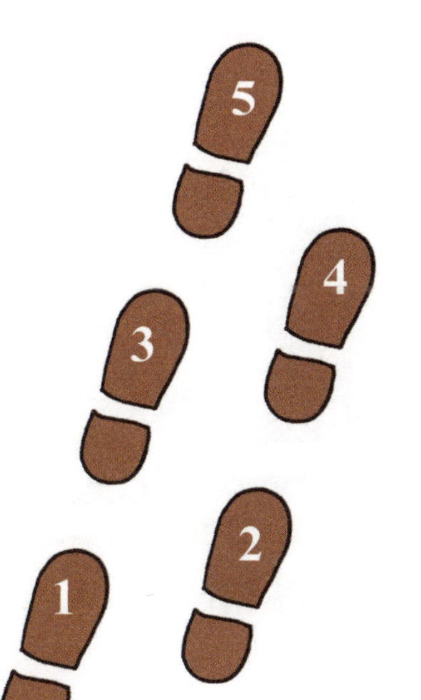

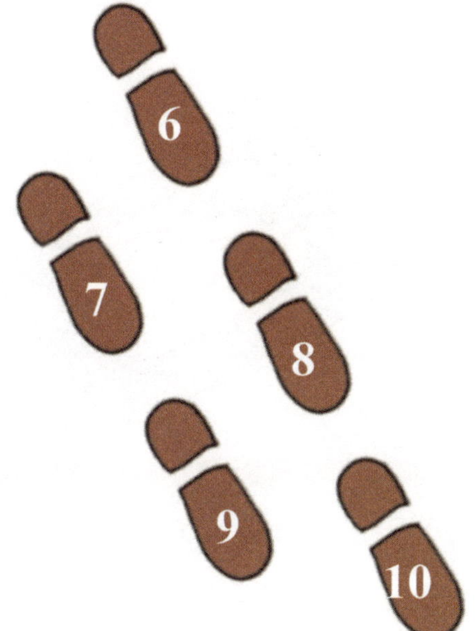

1 2 3 4 5 petits pas
Où est le grand lion?
6 7 8 9 10 petits pas
Où est le grand lion?

J'ai peur, j'ai peur, j'ai peur, j'ai peur
J'ai peur du grand lion
J'ai peur, j'ai peur, j'ai peur, j'ai peur
J'ai peur du grand lion

1 2 3 4 5 petits pas
Je vois le grand lion
6 7 8 9 10 petits pas
Je vois le grand lion

J'ai peur, j'ai peur, j'ai peur, j'ai peur
J'ai peur du grand lion
J'ai peur, j'ai peur, j'ai peur, j'ai peur
J'ai peur du grand lion

Track 57 Karaoke version

J'ai faim. (i)

Colorie   Écris

J'ai faim. (ii)

Colorie Écris

Écris le bon symbole.
Write the correct symbol.

	les pâtes
	l'oeuf
	le miel
	le yaourt
	les frites

Comment tu t'appelles?
Sophie
Hubert
Patrice
Emilie
Gilbert

Savez-vous planter les choux?

Savez-vous planter les choux?
À la mode, à la mode
Savez-vous planter les choux?
À la mode de chez nous

On les plante avec la main
À la mode, à la mode
On les plante avec la main
À la mode de chez nous

On les plante avec le pied ...

On les plante
avec le nez ...

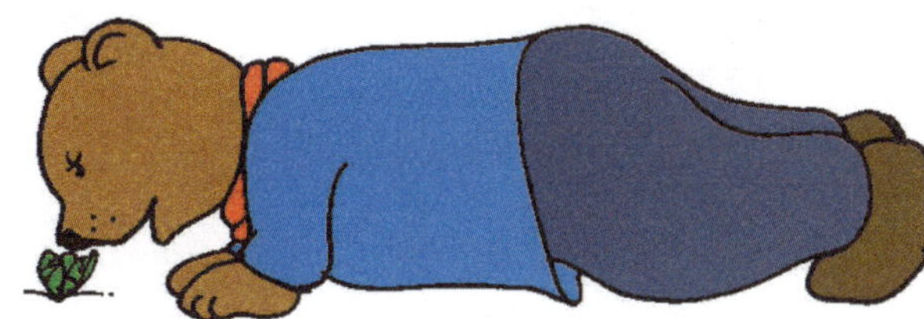

Track 58 Karaoke version

un jeu

Two sets of numbers to win the game are on the CD

les révisions

Écoute bien 👂 et coche la petite boîte. ✔

Je vois deux chaussettes

deux chaussettes

un jean bleu

une jupe

un pull-over

un nounours

Je vois deux chaussettes,
je vois un jean bleu,
je vois une jupe et un pull-over
Je vois deux chaussettes,
je vois un jean bleu,
je vois une jupe et un nounours

Track 59 Karaoke version

les animaux (i)

Choisis la bonne couleur  Écris 

1

le chat

....

4

le lapin

....

2

le chien

....

rouge

5

le hamster

....

3

le poisson

....

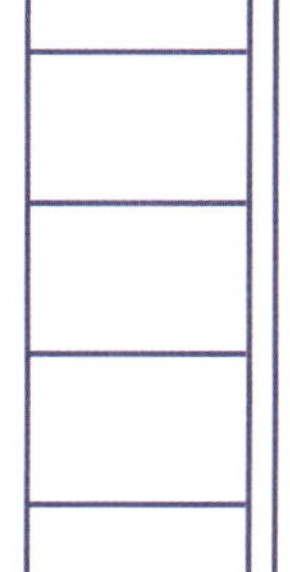

Écris le bon numéro.

Write the correct number.

	le hamster
	le chat
	le poisson
	le chien
	le lapin

les animaux (ii)

Choisis la bonne couleur  Écris 

le mouton

....

noir

la poule

....

le cochon

....

le cheval

....

la vache

....

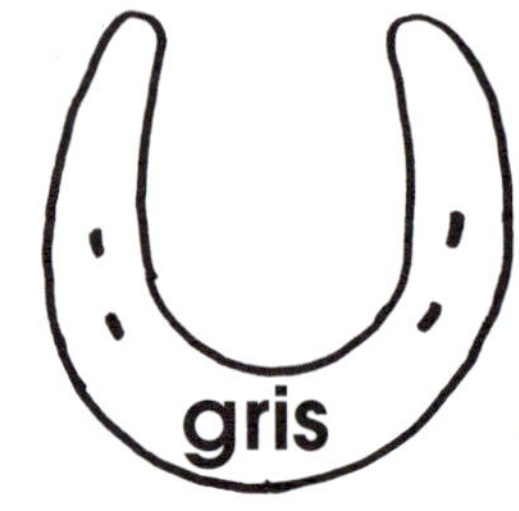

Écris le bon numéro.
Write the correct number.

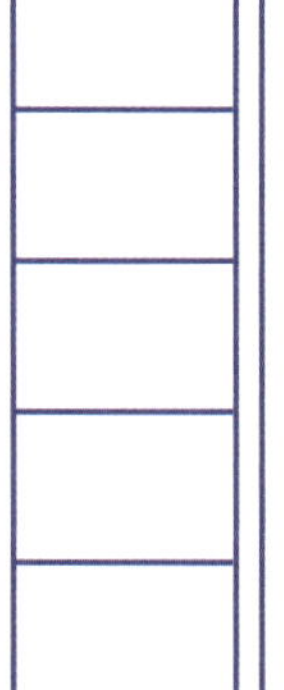

la vache
le cheval
le cochon
la poule
le mouton

Toc! Toc! Toc!

Toc! Toc! Toc!
Qui est là, à la porte?
Ouaf! ouaf! ouaf!
Qui est là?
C'est le chien.

Toc! Toc! Toc!
Qui est là, à la porte?
Miaou! miaou! miaou!
Qui est là?
C'est le chat.

Toc! Toc! Toc!
Qui est là, à la porte?
Coin! coin! coin!
Qui est là?
C'est le canard.

Toc! Toc! Toc!
Qui est là, à la porte?
Meuh! meuh! meuh!
Qui est là?
C'est la vache.

Toc! Toc! Toc!
Qui est là, à la porte?
Cui! cui! cui!
Qui est là?
C'est l'oiseau.

Track 60 Karaoke version

les fruits

Choisis la bonne couleur
Écris
la banane
la fraise
la pomme
le citron
la poire
jaune
rouge
vert
orange
violet
Écris le bon symbole.
Write the correct symbol.
le citron
la fraise
la pomme
la poire
la banane

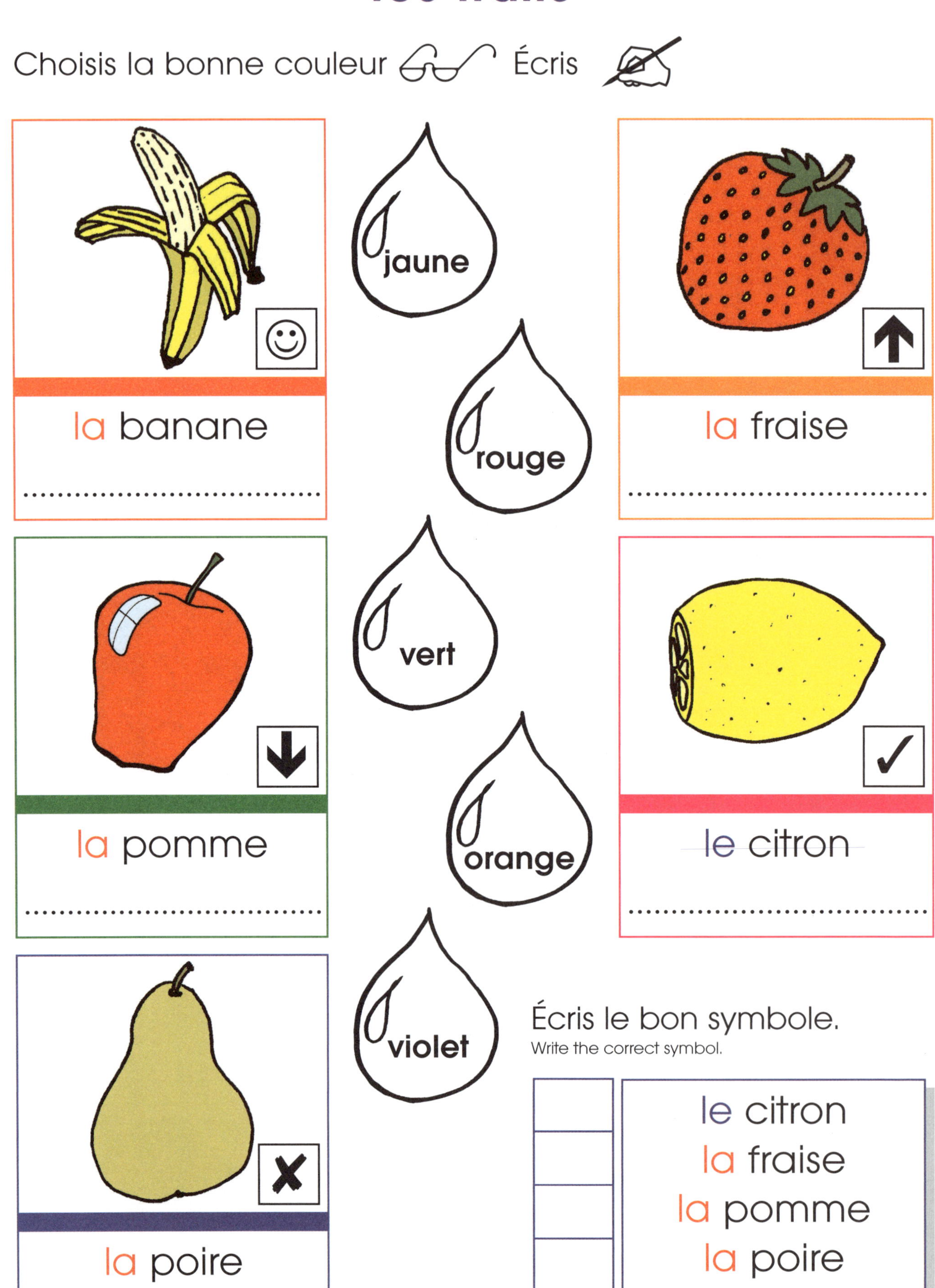

les légumes

Choisis la bonne couleur  Écris 

la carotte

....

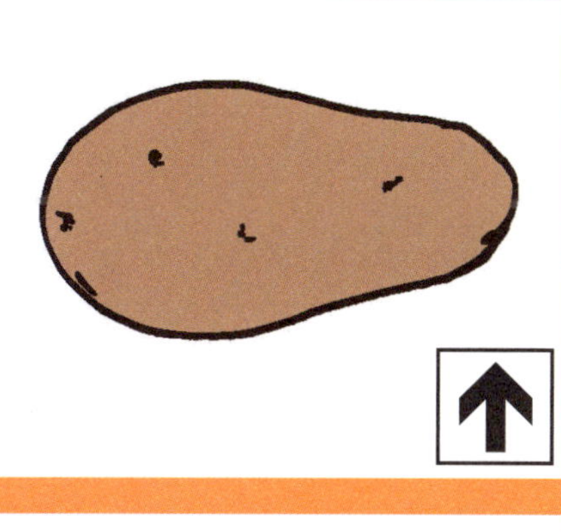

la pomme de terre

....

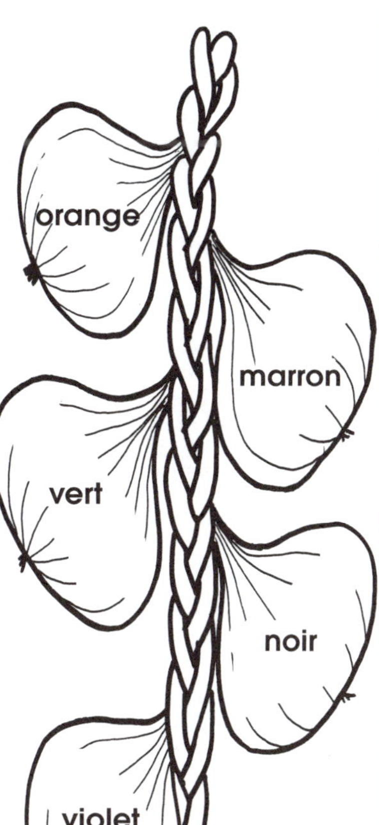

la tomate

....

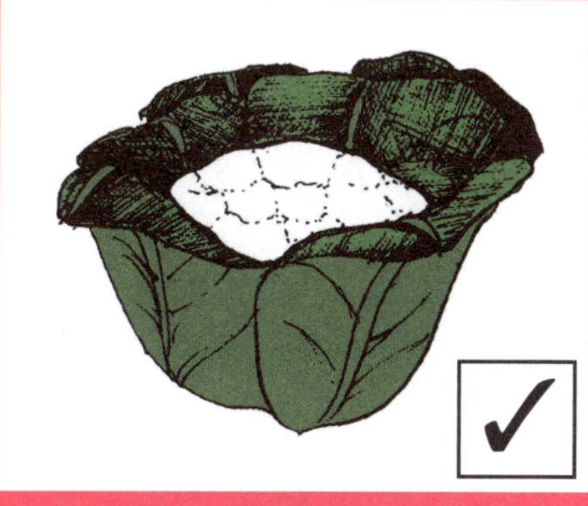

le chou-fleur

....

l'oignon

....

Écris le bon symbole.
Write the correct symbol.

	la tomate
	le chou-fleur
	l'oignon
	la carotte
	la pomme de terre

Quel âge as-tu?
6
Sophie
4
8
Gilbert
Emilie
Hubert
Patrice
5
7

J'adore les glaces

J'adore les glaces, les glaces, les glaces
J'adore les glaces mmmmmm!

banane poire pomme citron ananas
J'adore les glaces
fraise orange

J'adore les fruits, les fruits, les fruits
J'adore les fruits mmmmmm!

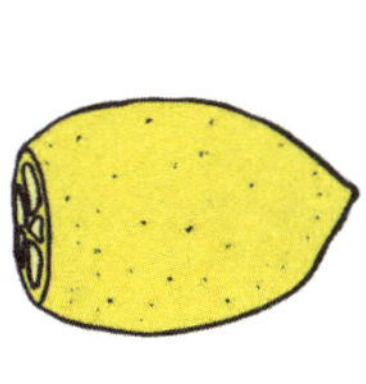

banane poire pomme citron ananas
J'adore les fruits
fraise orange

J'adore les bonbons, les bonbons, les bonbons
J'adore les bonbons mmmmmm!

banane poire pomme citron ananas
J'adore les bonbons
fraise orange

Track 61 Karaoke version

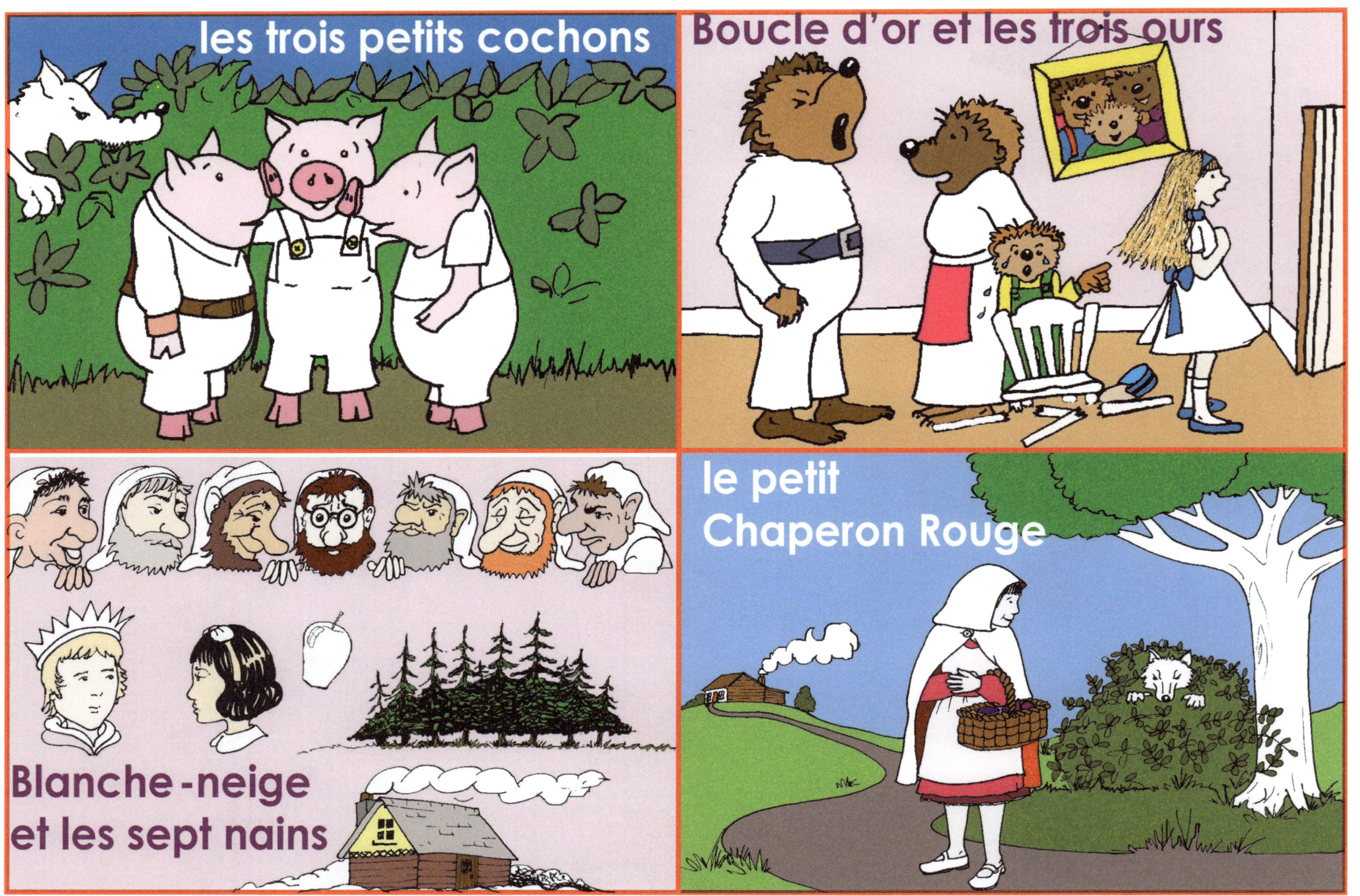
les trois petits cochons
Boucle d'or et les trois ours
Blanche-neige
et les sept nains
le petit
Chaperon Rouge

les révisions

Écoute bien et coche la petite boîte. ✔

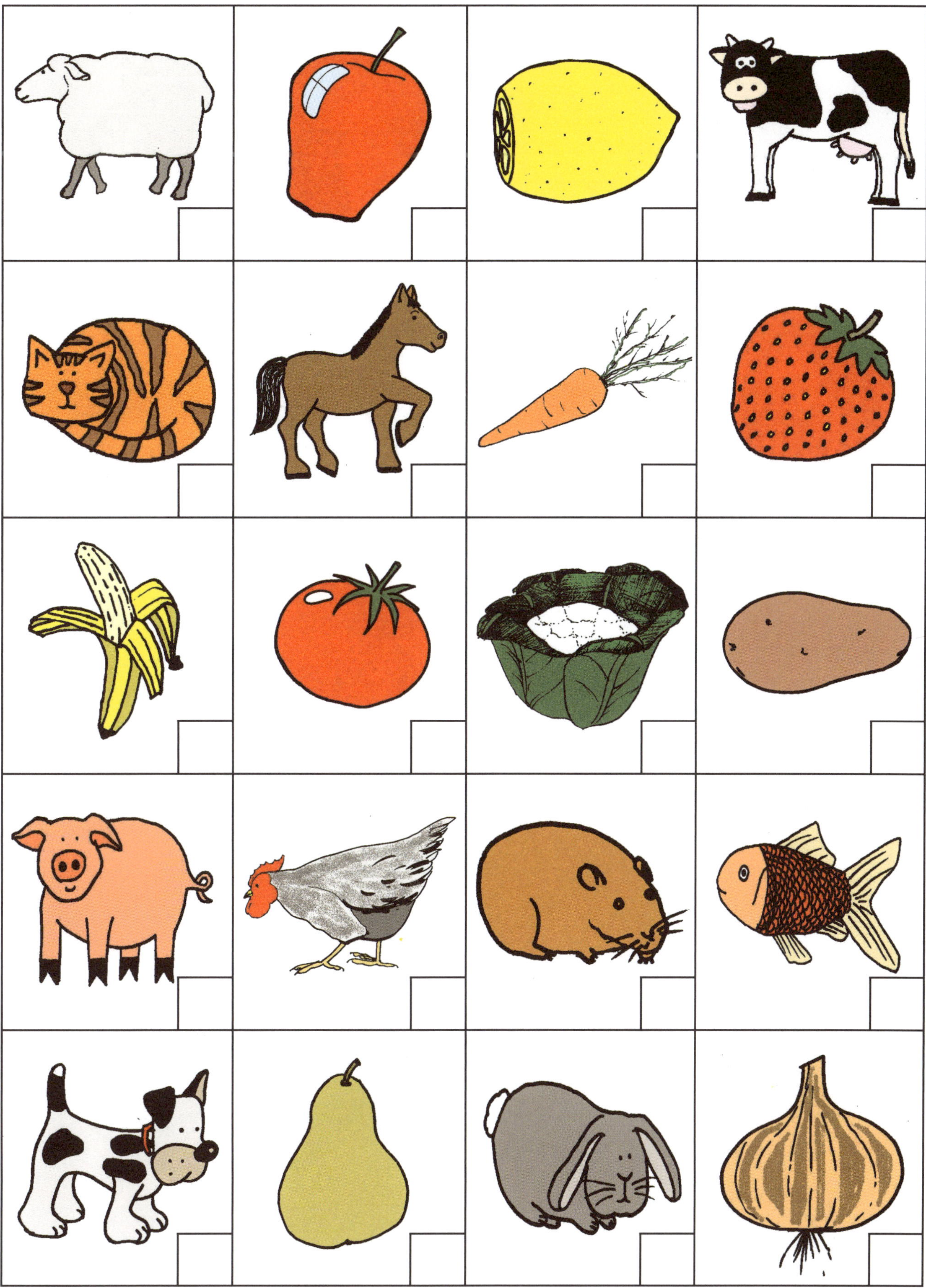

la soupe aux légumes

Oh! la soupe aux légumes
C'est délicieux
la soupe aux légumes

Oh! la soupe aux légumes
C'est délicieux
la soupe aux légumes

trois carottes

deux oignons

cinq pommes de terre

et un chou-fleur

trois carottes

deux oignons

cinq pommes de terre

et quatre tomates

Oh! la soupe aux légumes
C'est délicieux
la soupe aux légumes

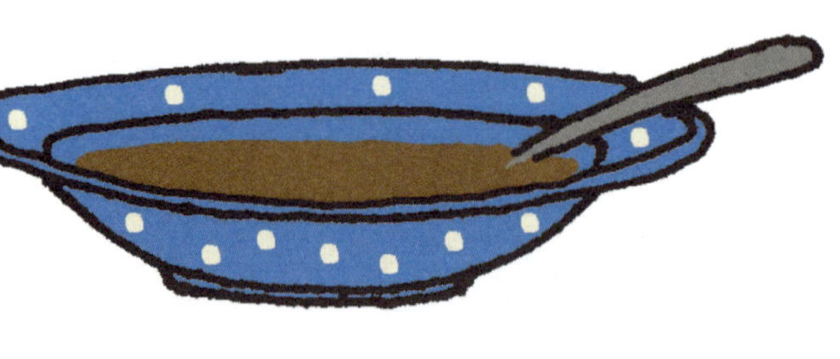

Oh! la soupe aux légumes
C'est délicieux
la soupe aux légumes

Track 62 Karaoke version

la tête

Choisis la bonne couleur  Écris 

les cheveux

....

le nez

....

les yeux

....

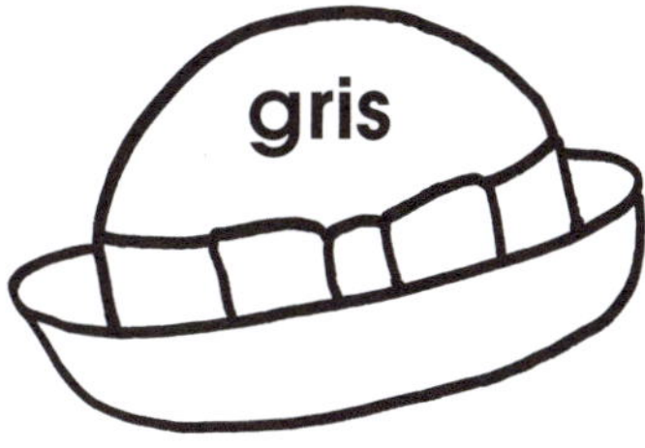

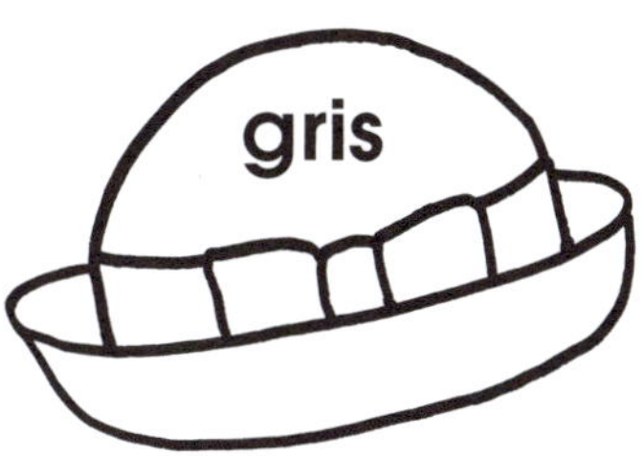

les oreilles

....

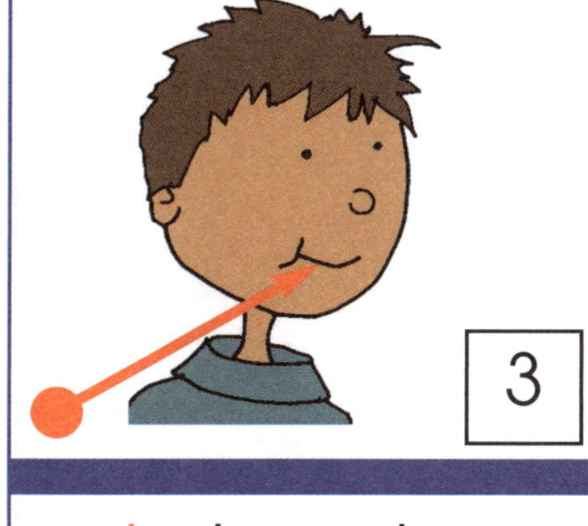

la bouche

....

Écris le bon numéro.
Write the correct number.

	les yeux
	les cheveux
	la bouche
	les oreilles
	le nez

le corps

Choisis la bonne couleur  Écris 

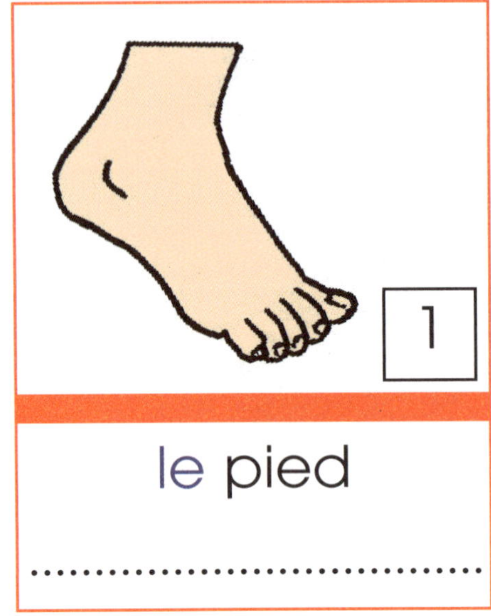

le pied

....

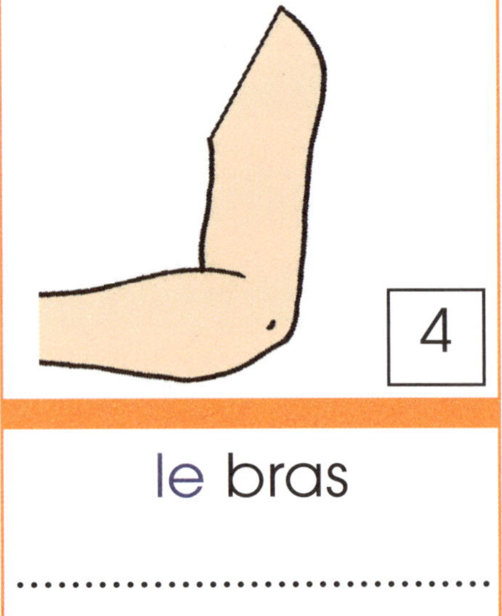

le bras

....

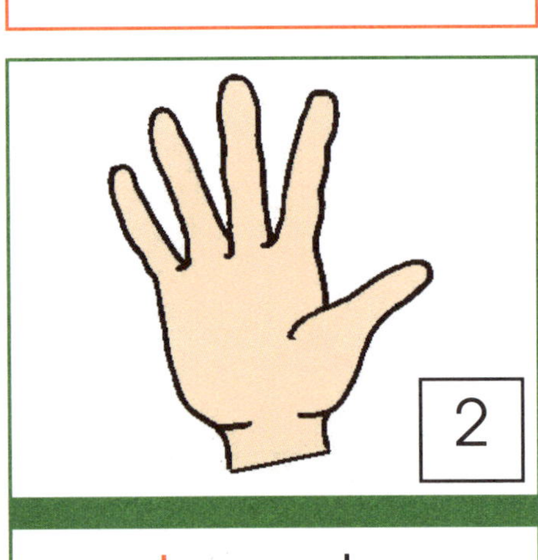

la main

....

la tête

....

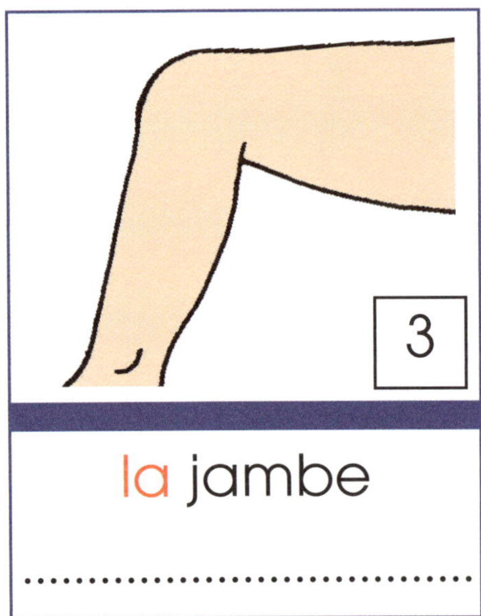

la jambe

....

Écris le bon numéro.
Write the correct number.

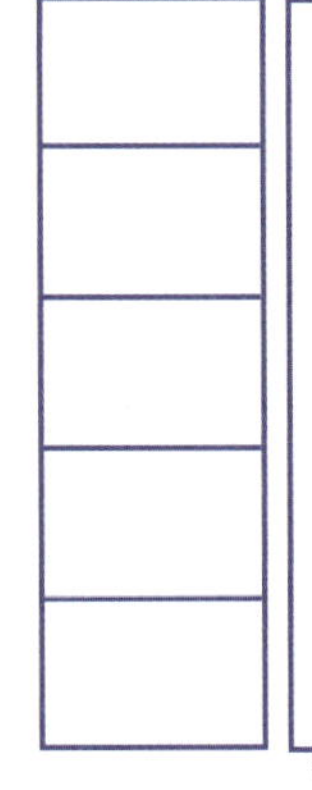

	la jambe
	la tête
	le bras
	le pied
	la main

Alouette

Alouette gentille Alouette Alouette je te plumerai

Je te plumerai la tête
Je te plumerai la tête
et la tête et la tête
Alouette Alouette
ahhhhh

Alouette gentille Alouette Alouette je te plumerai

Je te plumerai les ailes
Je te plumerai les ailes
et les ailes et les ailes
et la tête et la tête
Alouette Alouette
ahhhhh

Alouette gentille Alouette Alouette je te plumerai

Je te plumerai la queue
Je te plumerai la queue
et la queue et la queue
et les ailes et les ailes
et la tête et la tête
Alouette Alouette
ahhhhh

Alouette gentille Alouette Alouette je te plumerai

Track 63 Karaoke version

les passe-temps

Choisis la bonne couleur  Écris 

1

la télévision

....

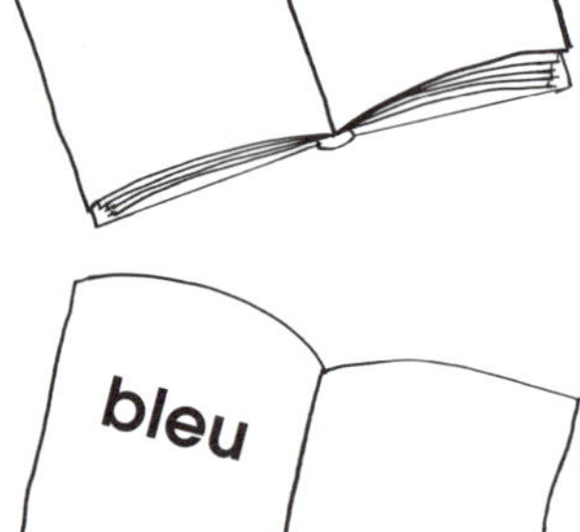

4

le football

....

2

la lecture

....

5

la cuisine

....

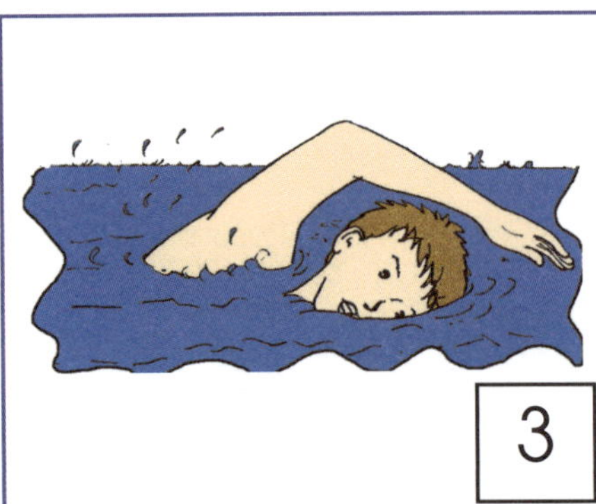

3

la natation

....

Écris le bon numéro.

Write the correct number.

	la natation
	la cuisine
	la télévision
	le football
	la lecture

les jouets

Choisis la bonne couleur  Écris 

Écris le bon symbole.
Write the correct symbol.

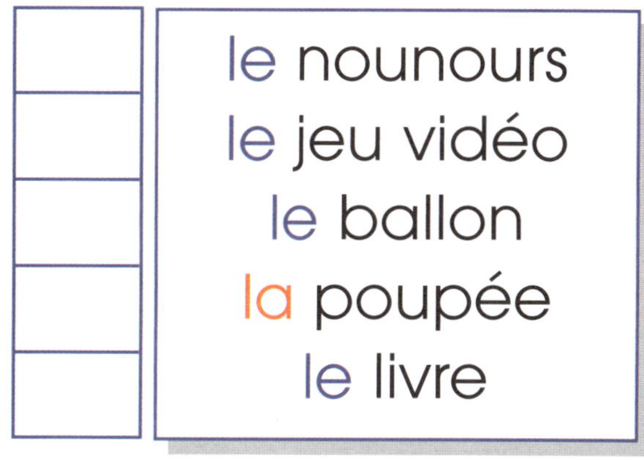

Chassant
St Michel
Gilbert
Banville
Vernon
Courset
Patrice
Hubert
Emilie
Sophie
Où habites-tu?

C'est mon anniversaire

Aujourd'hui, j'ai trois cadeaux
Aujourd'hui, j'ai trois cadeaux
Aujourd'hui, j'ai trois cadeaux
C'est mon anniversaire

Aujourd'hui, j'ai un lapin
Aujourd'hui, j'ai un lapin
Aujourd'hui, j'ai un lapin
C'est mon anniversaire

Aujourd'hui, j'ai un nounours
Aujourd'hui, j'ai un nounours
Aujourd'hui, j'ai un nounours
C'est mon anniversaire

Aujourd'hui, j'ai un stylo
Aujourd'hui, j'ai un stylo
Aujourd'hui, j'ai un stylo
C'est mon anniversaire

Track 64 Karaoke version

mes jeux
vert
rouge
violet
jaune
rose
bleu
jaune
rouge
jaune
jaune
marron
orange
bleu
vert
jaune

les révisions

Écoute bien et coche la petite boîte. ✔

la campagne (i)

Choisis la bonne couleur  Écris 

1 la fleur

....

2 le papillon

....

3 l'arbre

....

jaune

violet

orange

rouge

marron

4 la rivière

....

5 le pont

....

Écris le bon numéro.
Write the correct number.

	le papillon
	le pont
	la rivière
	l'arbre
	la fleur

la campagne (ii)

Choisis la bonne couleur  Écris 

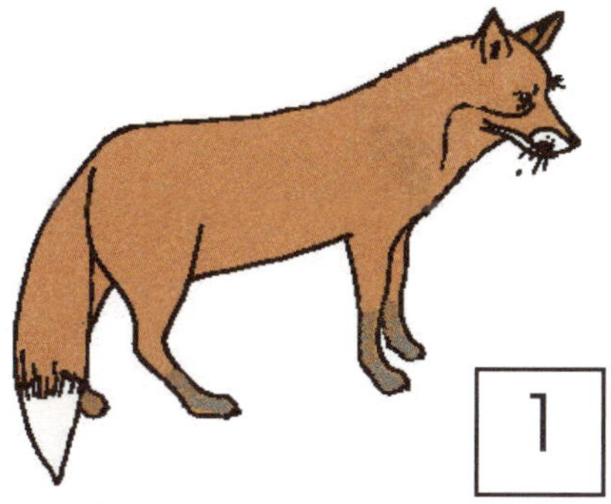

1	le renard ....
2	le lièvre ....
3	la souris ....
4	le hérisson ....
5	la taupe ....

noir

gris

marron

rouge

jaune

Écris le bon numéro.
Write the correct number.

	le lièvre
	le renard
	la taupe
	le hérisson
	la souris

Sur le pont d'Avignon

Refrain: Sur le pont d'Avignon On y danse, on y danse
Sur le pont d'Avignon On y danse tout en rond

les beaux messieurs
font comme ça
et puis encore
comme ça (Refrain)

les belles dames
font comme ça
et puis encore
comme ça (Refrain)

Track 65 Karaoke version

la plage

Choisis la bonne couleur  Écris 

1
le soleil
....

jaune

rouge

4
la mouette
....

2
la mer
....

bleu

orange

marron

5
le seau
....

3
la pelle
....

Écris le bon numéro.
Write the correct number.

	la pelle
	le seau
	la mer
	le soleil
	la mouette

le transport

Choisis la bonne couleur  Écris 

la voiture

....

le train

....

jaune

rouge

bleu

violet

vert

le vélo

....

le bus

....

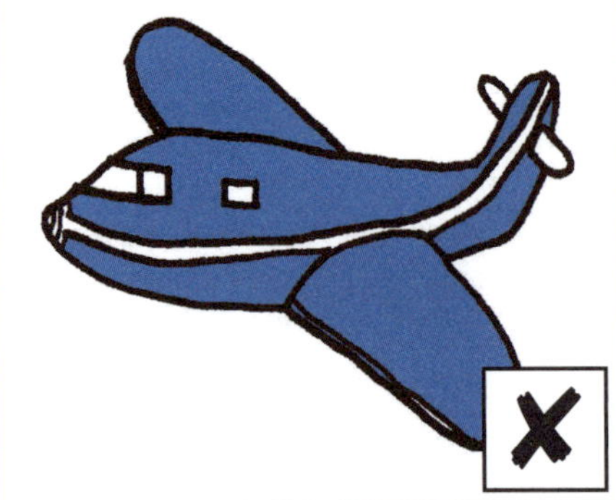

l'avion

....

Écris le bon symbole.
Write the correct symbol.

	le vélo
	le bus
	la voiture
	le train
	l'avion

Bonjour!
Ça va?
Gilbert
Hubert
Sophie
Patrice
Emilie
Ça va bien, merci.
I'm fine thanks.
Ça ne va pas bien.
I don't feel very well.
Comme ci comme ça
So so

un kilomètre en vélo

un kilomètre en vélo
deux kilomètres en vélo
allons-y allons-y
deux kilomètres en vélo

un kilomètre en train
deux kilomètres en train
allons-y allons-y
deux kilomètres en train

Paris 2 kms

un kilomètre en voiture
deux kilomètres en voiture
allons-y allons-y
deux kilomètres en voiture

un kilomètre en avion
deux kilomètres en avion
allons-y allons-y
deux kilomètres en avion

un kilomètre en bus
deux kilomètres en bus
allons-y allons-y
deux kilomètres en bus

Track 66 Karaoke version

les révisions

Écoute bien et coche la petite boîte. ✔

chez moi

Choisis la bonne couleur  Écris 

la table

....

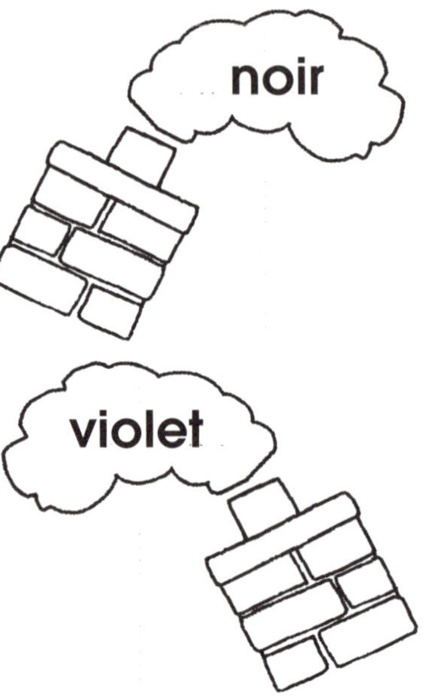

la porte

....

la chaise

....

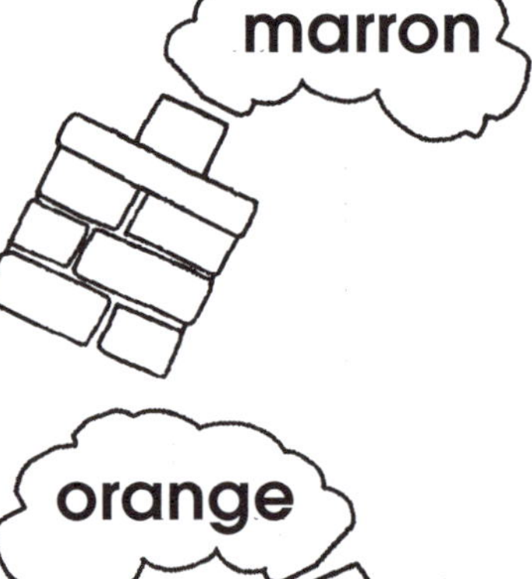

la maison

....

la fenêtre

....

Écris le bon symbole.
Write the correct symbol.

	la fenêtre
	la maison
	la table
	la porte
	la chaise

la famille

Choisis la bonne couleur  Écris 

la mère

....

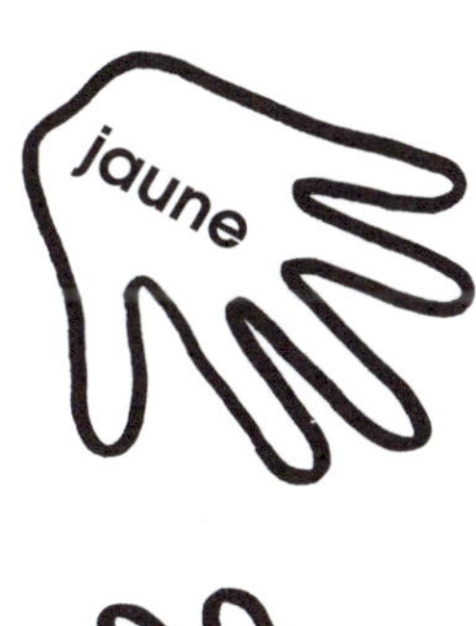

la soeur

....

le père

....

la famille

....

le frère

....

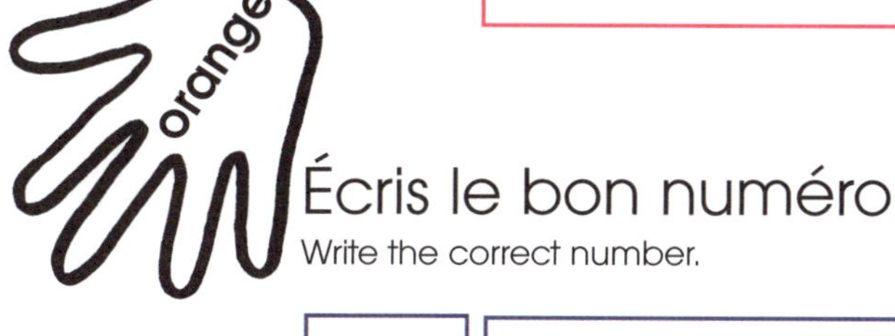

Écris le bon numéro.

Write the correct number.

	la famille
	le frère
	la mère
	la soeur
	le père

Papa, Maman, David, Anne

Papa, Maman, David, Anne et le chien Coccinelle
Papa, Maman, David, Anne et le chien Coccinelle
Papa est le père, Maman est la mère
David est le frère
Anne est la soeur
Papa, Maman, David, Anne
et le chien Coccinelle
Papa, Maman, David, Anne
et le chien Coccinelle

Track 67 Karaoke version

J'ai soif.

Choisis la bonne couleur   Écris 

l'eau

....

le jus d'orange

....

le café

....

le coca

....

le thé

....

Écris le bon symbole.
Write the correct symbol.

	le coca
	le café
	le jus d'orange
	l'eau
	le thé

la trousse

Choisis la bonne couleur Écris

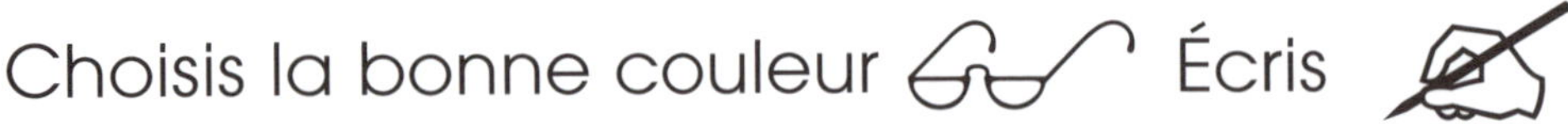

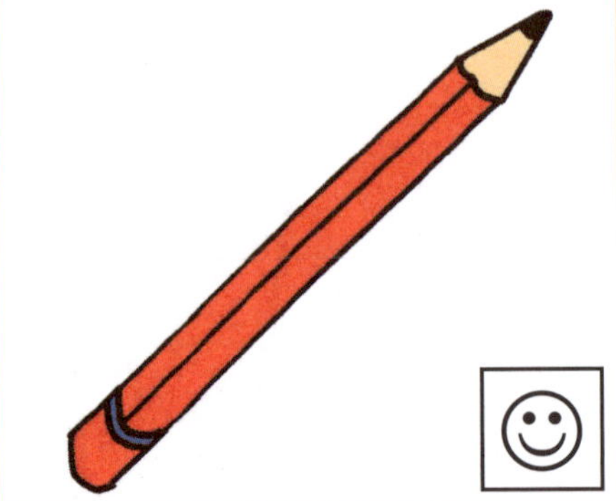

le crayon

....

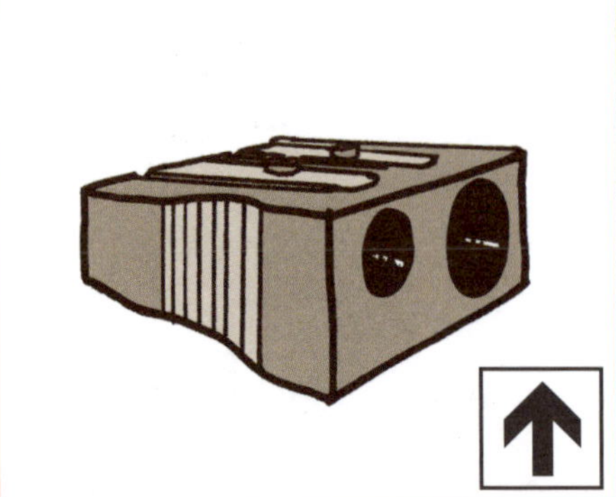

le taille-crayon

....

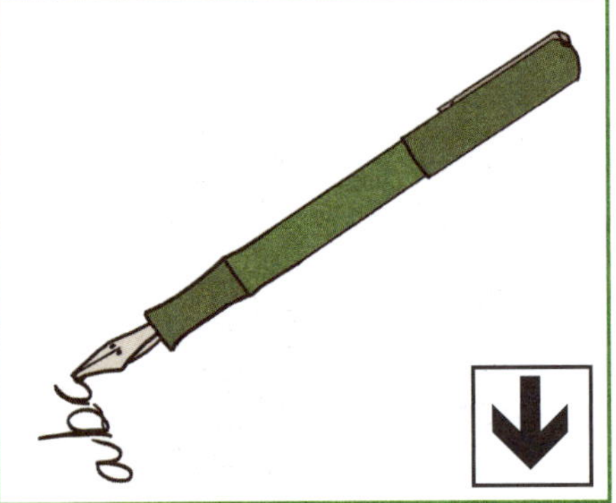
abc

le stylo

....

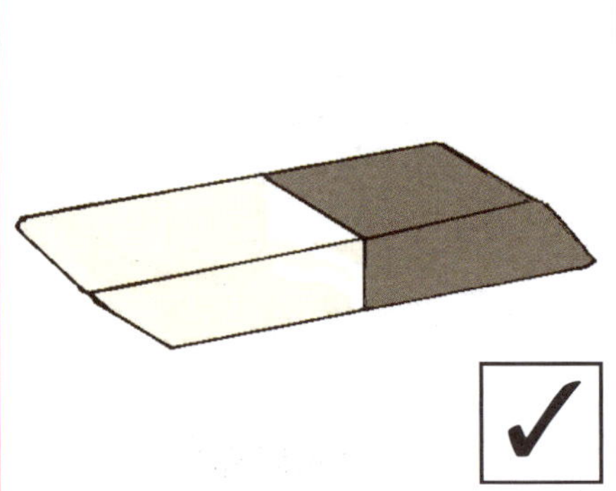

la gomme

....

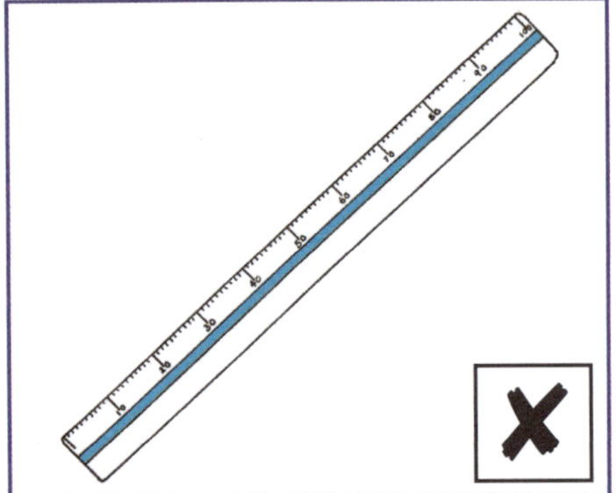

la règle

....

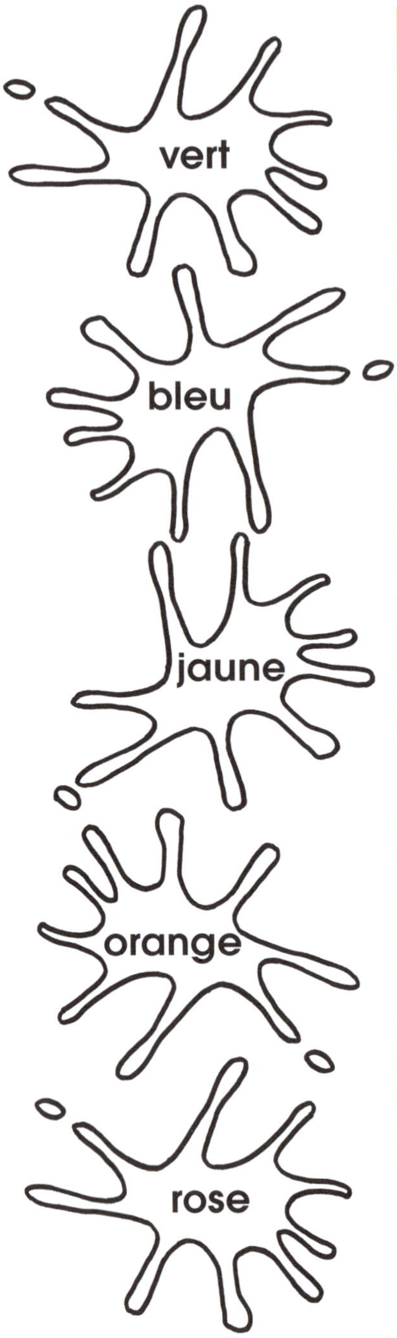
vert
bleu
jaune
orange
rose

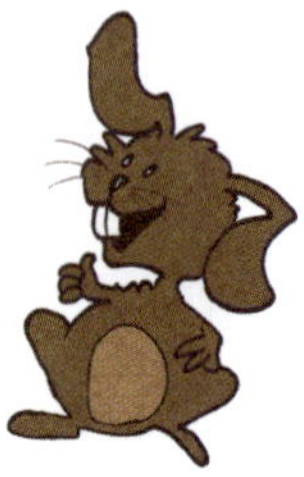

Écris le bon symbole.
Write the correct symbol.

	la gomme
	le taille-crayon
	le stylo
	le crayon
	la règle

Bonne nuit, dors bien

Bonne nuit, dors bien
Chut! Ferme les rideaux
Bonne nuit, dors bien
Chut! Ferme les yeux

les étoiles, la lune
la chauve-souris
le hibou, le blaireau
et le renard

Bonne nuit, dors bien
Chut! Ferme les rideaux
Bonne nuit, dors bien
Chut! Ferme les yeux

Track 68 Karaoke version

Vocabulaire (i)

1 & 2 colours	les couleurs
black	noir
blue	bleu
brown	marron
green	vert
grey	gris
jaune	yellow
orange	orange
pink	rose
purple	violet
red	rouge

4 & 5 numbers	les nombres
1 one	1 un
2 two	2 deux
3 three	3 trois
4 four	4 quatre
5 five	5 cinq
6 six	6 six
7 seven	7 sept
8 eight	8 huit
9 nine	9 neuf
10 ten	10 dix

11 & 12 clothes	les vêtements
coat	le manteau
dress	la robe
hat	le chapeau
jeans	le jean
jumper	le pull
shirt	la chemise
shoe	la chaussure
skirt	la jupe
sock	la chaussette
teeshirt	le tee-shirt
trainers	les baskets
trousers	le pantalon

14 & 15 I'm hungry.	J'ai faim.
bread	le pain
butter	le beurre
cheese	le fromage
chips	les frites
egg	l'oeuf
honey	le miel
jam	la confiture
milk	le lait
pasta	les pâtes
pizza	la pizza
yoghurt	le yaourt

21 & 22 animals	les animaux
cat	le chat
cow	la vache
dog	le chien
fish	le poisson
hamster	le hamster
hen	la poule
horse	le cheval
pig	le cochon
rabbit	le lapin
sheep	le mouton

24 fruit	les fruits
apple	la pomme
banana	la banane
lemon	le citron
pear	la poire
strawberry	la fraise

25 vegetables	les légumes
carrot	la carotte
cauliflower	le chou-fleur
onion	l'oignon
potato	la pomme de terre
tomato	la tomate

Vocabulaire (ii)

31 & 32 body	le corps
arm	le bras
back	le dos
ears	les oreilles
eyes	les yeux
foot	le pied
hair	les cheveux
hand	la main
head	la tête
leg	la jambe
mouth	la bouche
nose	le nez
34 hobbies	**les passe-temps**
cooking	la cuisine
football	le football
reading	la lecture
swimming	la natation
television	la télévision
35 toys	**les jouets**
ball	le ballon
book	le livre
doll	la poupée
teddy	le nounours
video game	le jeu vidéo
40 & 41 countryside	**la campagne**
bridge	le pont
butterfly	le papillon
flower	la fleur
fox	le renard
hare	le lièvre
hedgehog	le hérisson
mole	la taupe
mouse	la souris
river	la rivière
tree	l'arbre

43 beach	la plage
bucket	le seau
sea	la mer
seagull	la mouette
spade	la pelle
sun	le soleil
44 transport	**le transport**
aeroplane	l'avion
bike	le vélo
bus	le bus
car	la voiture
train	le train
48 at home	**chez moi**
chair	la chaise
door	la porte
house	la maison
table	la table
window	la fenêtre
49 family	**la famille**
brother	le frère
father	le père
mother	la mère
sister	la soeur
51 I'm thirsty.	**J'ai soif.**
coca cola	le coca
coffee	le café
orange juice	le jus d'orange
tea	le thé
water	l'eau
52 pencil case	**la trousse**
pen	le stylo
pencil	le crayon
pencil sharpener	le taille crayon
rubber	la gomme
ruler	la règle

l'alphabet français